ALFRED BRUNEAU

DE L'INSTITUT

LA VIE ET LES ŒUVRES DE GABRIEL FAURÉ

NOTICE LUE PAR L'AUTEUR
à l'Académie des Beaux-Arts

PARIS
LIBRAIRIE CHARPENTIER ET FASQUELLE
EUGÈNE FASQUELLE, ÉDITEUR
11, RUE DE GRENELLE, 11

1925

LA VIE ET LES ŒUVRES

DE

GABRIEL FAURÉ

OUVRAGES D'ALFRED BRUNEAU

Musiques d'hier et de demain . . . . . . 1 volume.
Musiques de Russie et Musiciens de France. . . . . 1 volume.
La Musique française . . . . 1 volume.

Naïs Micoulin. Drame lyrique en 2 actes, tiré de la nouvelle d'Émile Zola. . . . . . . 1 brochure.
La Faute de l'Abbé Mouret. Pièce en 4 actes et 14 tableaux, tirée du roman d'Émile Zola. 1 volume.
L'amoureuse Leçon. Ballet en 1 acte, d'après Catulle Mendès . . . . 1 brochure.
Les Quatre Journées. Conte lyrique en 4 actes et 5 tableaux, d'après Émile Zola . . 1 brochure.
Les Bacchantes, en collaboration avec F. Naquet. Ballet en 2 actes et 3 tableaux. . 1 brochure.

Studio G. L. Manuel frères.

Dernière photographie de GABRIEL FAURÉ.

ALFRED BRUNEAU

DE L'INSTITUT

LA VIE ET LES ŒUVRES DE GABRIEL FAURÉ

NOTICE LUE PAR L'AUTEUR
à l'Académie des Beaux-Arts.

PARIS
LIBRAIRIE CHARPENTIER ET FASQUELLE
EUGÈNE FASQUELLE, ÉDITEUR
11, RUE DE GRENELLE, 11

1925

Messieurs,

Avant toutes choses, je désire vous remercier de l'honneur que vous m'avez fait en m'appelant à entrer dans votre Compagnie. Cet honneur est si grand que l'on a coutume de le considérer comme le plus magnifique couronnement d'une carrière. Vous récompensez donc mon labeur bien au delà de son mérite et vous me rendez ainsi quelque peu confus. En recevant le témoignage de ma profonde gratitude, vous me permettrez, j'espère, d'attribuer une part de cette gratitude à celui qui m'a encouragé dès mes premiers pas dans la voie difficile que j'avais choisie, qui m'a appris mon art, sans qui je ne serais rien : à mon très cher et très illustre maître Massenet. Et vous m'autoriserez, j'en suis sûr, à m'incliner tendrement, plein d'émotion déférente, devant son immense gloire dont il apportait jadis le chaud rayonnement aux élèves de sa classe du Conservatoire, de « la classe », comme il disait chaque fois qu'il voulait marquer le caractère particulier de ses leçons. Une page de l'un de nous était de « la classe » lorsqu'il la jugeait conforme à sa doctrine, elle n'était pas de « la classe » quand il la trouvait d'une orthodoxie douteuse. « La classe », j'ai gardé d'elle, des préceptes qui m'y furent proposés en exemples et qui restèrent ma règle de conduite, un souvenir ineffaçable. « La classe », elle est ici actuellement, puisqu'elle occupe quatre des fauteuils réservés par vous aux musiciens et puisque, grâce à vos suffrages, mes confrères Gustave Charpentier, Henri Rabaud, Gabriel Pierné et moi-même nous la représentons. La classe de Massenet devint, en 1896, la classe de Fauré. Me voici, messieurs, ramené à mon sujet. Vous m'excuserez de m'en être un instant écarté.

Entre la vie ardente, impulsive, triomphante dès sa jeunesse, de Massenet, et l'existence calme, réfléchie, lente à atteindre au succès, de Fauré, quel contraste! Notre secrétaire perpétuel vous a parlé de la première avec une éloquence que je n'essaierai point d'égaler en cette notice. Obéissant à l'une de nos plus jolies, de nos plus touchantes traditions, je vous raconterai la seconde et je consacrerai du moins à ce récit tout mon respect et toute ma ferveur.

*
* *

Gabriel-Urbain Fauré vint au monde le 12 mai 1845 — et non le 13, comme on le croit généralement — à Pamiers, chef-lieu d'arrondissement de l'Ariège. Mes recherches concernant ses ascendants n'ont pu franchir l'époque de la Révolution. Dans les temps antérieurs à cette période, je n'ai trouvé aucune trace de sa famille. Son grand-père et son arrière-grand-père étaient, au centre du département où je vous prie de me suivre un instant, des commerçants actifs qui contribuèrent prosaïquement, mais utilement à l'alimentation de leurs concitoyens. Son père, né en 1810, entra de bonne heure dans l'enseignement. Il était instituteur à Gaillac-Toulza, coin paisible de ce pays privilégié, et gagnait environ deux cents francs chaque année, lorsqu'il épousa Mlle de Laleine-Laprade, très charmante et très pauvre. La simplicité de leur union fut compensée par la splendeur de l'église merveilleuse, datant du XIVe siècle, qui servit de cadre à la cérémonie du mariage, et par l'enchantement des douze cloches dont le carillon prestigieux qui, matin et soir, remplit encore la région de ses amples harmonies robustes, n'a rien perdu de son antique célébrité. Mlle de Laleine-Laprade était fille d'un capitaine en retraite qui, après avoir fait les longues guerres précédant le Premier Empire, quitta brusquement l'armée, afin de ne pas devenir le gendre de son colonel. Gabriel Fauré, au cours de ses essors successifs, marqua d'un trait presque analogue, nous le verrons, sa volonté formelle de rester libre. On surnommait cet ancien officier le Sans-Culotte, oubliant ses titres de noblesse, et l'on vantait sa voix retentissante entendue, prétendait-on, de cinq lieues à la ronde quand, dans ses chasses continuelles et tumultueuses, il appelait et grondait sa meute de chiens hurlants. Le jeune ménage eut six enfants. Gabriel Fauré arriva le dernier. En l'embrassant et en le cajolant, sa mère s'écria : « Nous ne le désirions point et cependant nous le prendrons comme les autres ». Résignation inquiète que remplaça, plus tard, j'imagine, une joyeuse fierté.

Je souhaitais d'aller me recueillir devant la maison natale de Gabriel Fauré. On me dit que personne, là-bas, ne serait capable de m'y conduire, de savoir exactement où elle se trouve. On pense qu'elle est située rue Major, non loin de la Halle, mais on n'oserait désigner l'endroit précis. Aurait-on donc chez nous moins qu'ailleurs la dévotion des grands hommes? Je le regretterais. Ce qui semble indiscutable, c'est que le petit garçon fut baptisé dans l'église Notre-Dame-du-Camp, si curieuse par sa vaste façade de briques rouges érigée à la manière d'une farouche fortification. Puis ses parents l'envoyèrent en nourrice à Verniolles, hameau tranquille bâti entre Pamiers et Varilhes, berceau vénérable des ancêtres, jusqu'au moment important et heureux où son père, sous-inspecteur de l'éducation primaire, fut nommé directeur de l'École Normale de Montgauzy, près de Foix. Gabriel Fauré, qui avait alors quatre ans, retourna vers le foyer familial. Son esprit commençait de s'éveiller et, un jour, le gamin, s'étant haussé au niveau d'une table et ayant remarqué sur cette table un objet digne d'attention, s'aperçut du magique pouvoir des yeux! Il en témoigna son étonnement et son allégresse de manière assez frappante pour que l'on ait eu, à cette minute singulière, le pressentiment de ses futures fascinations d'artiste.

L'École Normale de Montgauzy était installée dans un ancien couvent désaffecté, mais ayant gardé sa chapelle qui, comme le château de Foix, dont elle est proche, domine majestueusement l'admirable vallée de la Barguillère. Cette chapelle, on y montait jadis en pèlerinage, escaladant la côte à genoux et espérant obtenir ainsi le pardon des plus graves péchés. Elle devint bientôt le lieu de prédilection de Gabriel Fauré. Celui-ci n'avait pas de meilleur plaisir que d'y aller écouter l'organiste jouer de l'harmonium, au vif contentement de sa nourrice qui déclarait : « Nous en ferons un évêque ». Muet, immobile, ravi, il éprouvait une sorte d'extase à la fois religieuse et profane. Il n'en sortait que pour goûter d'autres délices. Sous ses regards, au pied de la colline sacrée, s'étendait cette splendide vallée de la Barguillère. Des bourdonnements d'insectes, des parfums de fleurs, des chants d'oiseaux s'élevaient jusqu'à lui dans un éclat de soleil, dans une atmosphère bruissante. Des résonances étranges l'enveloppaient, toutes pleines de l'indéfinissable musicalité des choses. Il pouvait contempler l'étroite rivière de l'Arget, si évocatrice, par ses blancs reflets, du précieux métal d'où elle tire son nom, et qui, après avoir traversé tant de vastes prairies, met en mouvement des forges jamais silencieuses. Il subit à tel point l'obsession du rythme martelé de ces forges qu'il le rappela dans son second quatuor, l'un des plus beaux produits de sa maturité, le seul d'ailleurs où il ait mêlé à l'élan de son imagination un souvenir aussi direct, aussi matériel. La nature livrait alors généreusement son secret à l'enfant inconscient qui ne devait pas l'oublier; elle l'initiait intimement au lyrisme universel.

Le bon vieux curé du village entretenait de son âme candide les vagues aspirations mystiques de Gabriel Fauré. Il venait souvent le chercher, le lâchait dans son jardin, lui prêtait en souriant sa croix et sa bannière pour qu'il enterrât, selon le rite liturgique, les sauterelles mortes ramassées sur le sol. A force de fréquenter la chapelle, d'y entendre improviser l'organiste, Gabriel

Fauré eut envie d'animer à son tour l'indigent harmonium qui lui semblait d'une richesse incomparable. Sans rien savoir, au gré de sa naïve fantaisie, il y laissa courir ses doigts. Une paroissienne âgée, aveugle, cultivée, se consolant quotidiennement dans la prière de sa douloureuse cécité, l'écouta par hasard, demanda qui était cet exceptionnel exécutant et désira le connaître. On le lui amena. Frappée des dispositions qu'elle découvrait en Gabriel Fauré, elle indiqua aussitôt à ses parents, pour lui, Niedermeyer et son école dont la réputation était alors très grande. Troublé, hésitant, le père écrivit cependant au directeur qui, sur le point d'entreprendre une tournée de concerts en France, lui répondit que, devant venir bientôt à Foix, il y examinerait le petit prodige. Il tint scrupuleusement parole et s'enthousiasma tellement de celui-ci que, sa famille objectant la gêne du ménage, il promit d'assumer tous les frais de son éducation. Une seule personne protesta : sa nourrice, désolée de ne plus pouvoir faire de lui un évêque.

*
* *

Voilà donc Gabriel Fauré entrant à l'Ecole Niedermeyer et s'y trouvant d'abord assez mal. En 1853, cette école était située rue Fontaine-Saint-Georges, appelée maintenant rue Fromentin, et avoisinait les remparts de Clichy. La chambre offerte au nouvel élève manquait de confort; l'eau du ciel tombait sur le lit et l'unique chaise boitait lamentablement. Dans cette maison où, sous le régime de l'internat, l'enseignement des humanités et celui de l'art allaient de pair, on observait avec soin la règle du travail en commun. Là, Gabriel Fauré apprit de bonne heure à isoler son esprit, à se renfermer en lui-même. Les sons discordants de quinze pianos hostiles ne l'empêchaient point de composer. La discipline sévère qu'il acceptait, loin d'éteindre sa flamme naissante, favorisa l'éclosion de son génie. Jusqu'à ses derniers instants, il garda de l'Ecole Niedermeyer un souvenir attendri. Il disait que « tout y était musique,

musique où il vivait comme dans un bain, qui le pénétrait par tous les pores ». Et il ajoutait sagement, défendant les idées d'ordre et de mesure qui ne cessèrent jamais d'être les siennes : « L'internat avait l'avantage de conserver à l'éducation ce caractère hermétique permettant de ne laisser pénétrer dans de jeunes cerveaux que de saines impressions et dont, pour ma part, j'ai profondément ressenti les bienfaits. Avec l'internat, moins d'éparpillement, de dispersion de temps et de forces, moins de ces conseils venant de droite et de gauche, généralement funestes autant que contradictoires, moins de contacts pernicieux. » Rien de plus juste ni de plus significatif du besoin de méditation qui le domina toujours.

Cet internat, Gabriel Fauré, un soir de mardi-gras, en dénoua les chaînes. Ayant su que le *Faust* de Gounod, âprement discuté, violemment accusé des pires tendances anarchistes, était affiché au Théâtre-Lyrique, il résolut, ainsi que son camarade Eugène Gigout, d'aller l'entendre. Les deux complices prévinrent l'excellent Niedermeyer qu'ils dîneraient et coucheraient chez leurs correspondants, cassèrent la tirelire où sommeillaient leurs économies, s'installèrent au « poulailler » si convoité et acclamèrent l'émouvante œuvre séditieuse. La fête achevée, ils parcoururent les boulevards jusqu'à la fin de la nuit, échangeant leurs impressions exaltées, se reposant parfois sur les bancs disposés de place en place, cherchèrent un refuge, au lever du soleil, dans une église indulgente et, harassés de fatigue, retournèrent à l'Ecole. De ce jour datent certainement l'admiration durable de Gabriel Fauré pour Charles Gounod et l'influence profonde que celui-ci exerça sur celui-là à ses débuts.

Doué de qualités si franches et si bien équilibrées, Gabriel Fauré devint rapidement le préféré de Niedermeyer qui, à ses réceptions officielles, lui faisait chanter, outre les airs populaires de l'Ariège, son fameux *Lac*, dont un tel interprète accrut encore la vogue extrême. Sous l'inflexible férule et l'affectueuse autorité de Camille Saint-Saëns, professeur à l'Ecole, son aîné de dix ans, et son ami, il remporta des prix parmi lesquels il conserva comme une relique la partition des *Noces de Figaro* qui lui révéla Mozart.

Les beaux dimanches, munis de la permission de promenade, Eugène Gigout et lui, inséparables depuis l'aventure de *Faust*, gravissaient la Butte Montmartre, où l'on était alors à la campagne, et s'enivraient du spectacle magnifique de Paris surgissant de la brume et des fumées éparses. Ils repéraient les monuments possédant un orgue et, songeant à l'avenir, se les appropriaient. « J'aurai la Madeleine », affirmait Fauré », et moi Saint-Augustin », répliquait Gigout. Ils ne savaient probablement pas si bien dire.

*
* *

L'orgue ! obtenir un orgue était leur ambition suprême. Avoir devant soi l'instrument aux cent voix, cette sorte d'orchestre aux mille couleurs, s'en approcher, s'en emparer, lui confier ses joies et ses peines, les sublimiser dans la tempête ou la sérénité des claviers obéissants, quel rêve pour un grand musicien! Ayant terminé ses études, — il avait déjà écrit le pur *Cantique de Racine*, établissant entre lui et l'auteur de *Bérénice* une parenté intellectuelle que l'on se plaît aujourd'hui à remarquer, — Gabriel Fauré chercha un poste d'organiste et le trouva à Rennes. Ce fut là qu'il composa, au sortir des offices religieux, sa première mélodie : *Le Papillon et la Fleur*, et voici comment elle atteignit d'emblée la notoriété. Madame Miolan-Carvalho devait donner un concert à Saint-Malo et emmener avec elle, comme accompagnateur, Camille Saint-Saëns. Empêché de se déplacer, celui-ci désigna son suppléant : Gabriel Fauré, dont il fixa ainsi les « honoraires ». En guise de cachet, l'illustre artiste chanterait à cette séance un morceau inédit du pianiste inconnu. Madame Carvalho y consentit et remporta, dans ce morceau, un tel succès, qu'elle le fit applaudir ensuite partout. Fauré le lui dédia. C'était *Le*

Papillon et la Fleur. L'inspiration de ses trois couplets symétriques se montre toute gounodienne, mais on constate qu'aucun mot n'y est répété ni mal prosodié, mérite rare à pareille époque et qui laissait pressentir les prochaines audaces.

Gabriel Fauré ne s'ennuyait pas à Rennes. Son curé lui recommandait vainement l'austérité; il lui reprochait d'aller fumer des cigarettes sous le porche de l'église pendant les sermons. Un matin, l'organiste, déjà mondain, ayant passé la nuit au bal de la Préfecture, vint remplir sa fonction en habit noir et en cravate blanche. Il fut congédié doucement et reprit la route de Paris où Notre-Dame de Clignancourt et ses prêtres moins rigoristes l'accueillirent aussitôt.

Mais la guerre de 1870 allait éclater. Gabriel Fauré s'engagea dans un régiment de voltigeurs et se battit bravement à Champigny. Agent de liaison, chargé d'une délicate mission à Vincennes, il y apprit la signature de l'armistice et, frémissant, haletant, semant par les rues ses papiers militaires, il courut chez lui et y dormit pendant vingt-quatre heures. La Commune se préparait à l'enrôler quand, avec un faux passeport, il traversa les lignes des fédérés et, à pied, gagna Rambouillet, où il attendit patiemment la victoire de l'armée versaillaise. Quelques semaines après, il était appelé à Saint-Honoré-d'Eylau, qu'il quitta pour entrer à Saint-Sulpice. Du petit orgue, il échangeait avec son brillant collègue Widor qui, d'en haut, planait sur d'élégantes assemblées, des reparties musicales dont les dévôts mélomanes de ce temps appréciaient justement l'impérieuse valeur.

*
* *

La famille Viardot lui témoignait alors une vive sympathie et le recevait fréquemment. Il se plaisait dans ce milieu littéraire que Tourgueneff animait de sa rude verve slave. L'originale beauté de Mlle Marianne Viardot l'y attirait irrésistiblement et bientôt le mariage des deux jeunes gens fut décidé. Il n'eut pas lieu. Les triomphes dramatiques de Mme Pauline Viardot lui faisaient aimer le théâtre par-dessus tout et celle-ci ne cacha point à Gabriel Fauré son désir de le voir partager ses préférences en travaillant pour la scène. Ayant d'autres goûts, d'autres projets, le fiancé leur sacrifia son bonheur conjugal, déserta la chère maison et il en ressentit un chagrin déchirant. Je sais peu d'exemples aussi nobles et aussi probants de conscience artistique. Plus tard, il épousa Mlle Fremiet, dont le père, notre éminent confrère, respectait son indépendance.

La prodigieuse et souveraine personnalité de Gabriel Fauré commençait de se manifester. Aux textes extérieurs de Victor Hugo, de Théophile Gautier, de Leconte de Lisle, de Sully Prudhomme sur lesquels fleurissaient les premières mélodies, succédaient les poésies plus raffinées, plus confidentielles d'Albert Samain, de Charles Baudelaire, de Paul Verlaine, inspiratrices des pièces vocales suivantes. Ce n'est pas encore *La bonne Chanson*, si intérieure, tour à tour impétueuse et épanouie, exquise et apaisée, qui engendrera la frémissante *Chanson d'Eve*, les éblouissants *Mirages* et le miraculeux *Horizon chimérique*. Mais ce sont déjà, libérés de toute entrave, le blanc *Clair de lune*, la nostalgique *Prison*, le calme *Soir*, le langoureux *Spleen*. Et nous ne sommes point éloignés des minutes divines de Venise dont les eaux murmurantes dictèrent à Gabriel Fauré tant d'adorables pages.

La *Sonate* pour piano et violon est composée. Sa nouveauté de forme déconcerte à tel point nos éditeurs que ceux-ci laissent à l'Allemagne le soin de la publier, gratuitement du reste. A Weimar, où il était allé avec Saint-Saëns entendre *Samson et Dalila*, Fauré rencontre Liszt et lui présente sa lumineuse *Ballade*, si nettement annonciatrice des couleurs et des parfums debussystes. L'auteur de la *Faust-Symphonie*, qui avait cependant l'esprit le plus intelligent et le plus généreux, déplie le cahier, y jette les yeux et le referme aussitôt en disant : « C'est trop difficile! » Stupéfiante incompréhension qui se généralisa durant tant d'années et ne se dissipa complètement que peu avant la mort de celui à qui elle faillit être fatale.

En 1888, Gabriel Fauré, étant maître de chapelle à la Madeleine, y fit jouer son *Requiem*, joyau sans égal dans le vénérable trésor de l'art religieux. Là, rien n'est horrible, effrayant, tragique ni funèbre; tout n'est que sérénité, lumière, tendresse et pardon. L'âme de poète que possédait Fauré, se refusant à la terreur et à la fureur qui secouèrent Hector Berlioz quand celui-ci traita le même sujet, se reporta aux temps antiques et, s'enivrant d'idéal, prêta aux ombres heureuses groupées en des Champs Élysées merveilleux d'ineffables accents. C'est bien le Paradis que nous ouvrent ces voix de rêve, le Paradis où il nous plaît de croire que Gabriel Fauré alla tout droit retrouver Mozart.

*
* *

Fauré approchait de la quarantaine lorsque je le connus à la Société Nationale. Ses cheveux, non pas longs et rebelles comme vous les avez vus, mais docilement courbés sur ses tempes; ses moustaches un peu brûlées par le feu des cigarettes, avaient déjà une blancheur de neige qui contrastait étrangement avec le teint basané de son jeune et beau visage où se voilaient de douceur nonchalante ses yeux cerclés de bistre. La Société Nationale, fondée aussitôt après la guerre de 1870-1871, à l'instigation de Saint-Saëns, réunissait presque tous les compositeurs de cette époque. C'était un centre des plus curieux et des plus animés. César Franck apportait là, chaque automne, ses travaux de l'été. Rayonnant de l'allégresse que lui donnait l'accomplissement de son noble devoir créateur, il disait : « Je suis content... vous aimerez... » Il nous amenait ses élèves favoris : le mélancolique et pensif Ernest Chausson ; l'apôtre Charles Bordes, qui songeait moins à produire qu'à organiser les *Chanteurs de Saint-Gervais* et la *Schola Cantorum*; le modeste et patient Camille Benoit et notamment le grave et attentif Vincent d'Indy, à l'aurore de la très militante carrière que vous savez. Celui-ci ne manquait jamais une occasion de faire sa partie dans nos concerts d'orchestre et je me souviens d'une répétition de l'étourdissante *Marche joyeuse* d'Emmanuel Chabrier où, s'étant chargé des cymbales, il frappait avec un flegme imperturbable ses deux plateaux tandis que s'agitait, au pupitre du chef, comme en un accès de folle jubilation, le fougueux auteur d'*Espana*, vêtu de sa flottante houppelande brune et coiffé sur l'oreille de son bondissant chapeau à haute forme. Et l'on n'y dédaignait point le fier atticisme d'Édouard Lalo. Les préférences du cénacle se fixaient franchement en faveur de la musique de chambre et de la symphonie, ce qui n'empêcha pas le démon du théâtre de mordre au cœur, par la suite, de séduire et de captiver les meilleurs représentants de la Société Nationale.

Parmi ceux-ci, Gabriel Fauré occupait une place exceptionnelle. C'est sur l'estrade étroite de la petite salle Pleyel, devant des publics restreints et choisis, que furent exécutés ses deux *quatuors* pour piano et instruments à cordes et son *quintette* en ré mineur, de fond si classique et de parure si moderne, où le caprice et l'enthousiasme sont toujours commandés par la logique et la raison. C'est là aussi que nous entendîmes ses innombrables pièces pianistiques : *Barcarolles* ondoyantes, mystérieux *Nocturnes*, *Valses* spirituelles, *Impromptus* délicats, *Thème et Variations* tour à tour robustes et tendres, *Dolly*, ingénue et fraîche comme un sourire d'enfant; sa large *Elégie* pour violoncelle, sa fine *Berceuse* pour violon et quantité d'autres morceaux qui, tous, portent sa marque sans pareille.

Son activité se multiplie. Il monte au grand orgue de la Madeleine, accepte les fonctions d'inspecteur de l'enseignement musical au ministère des Beaux-Arts et prend une chaire de composition au Conservatoire. J'ai demandé à l'un de ses disciples fervents de m'indiquer quelle fut sa méthode. Voici ce qu'il m'a répondu : « Fauré n'était pas, à proprement parler, un professeur. C'était plutôt un guide, un conseiller. Il nous laissait une liberté absolue, ne nous imposait jamais une manière, un style particuliers. Les classes se passaient moins en corrections de devoirs qu'en causeries esthétiques. Il ne s'occupait pas de la fugue ni du contrepoint, abandonnant ce soin à un suppléant. Il se souciait peu du Prix de Rome. Les cantates ne l'intéressaient que médiocrement et même l'ennuyaient tant qu'il évitait d'y avoir recours. Un trio, une sonate attiraient surtout son attention bienveillante. Il écartait l'étude de l'orchestre qu'il considérait comme chose secondaire ou négligeable. La substance, l'idée comptaient seules pour lui. La plupart de ses élèves ont cependant une grande virtuosité instrumentale à quoi Fauré demeura étranger et qu'ils ont dû acquérir sans l'aide d'un maître. Il exigeait la pureté de la forme et surtout la science, l'ampleur, la force du développement. Il détestait avec une violence indignée le désir du succès qui, s'écriait-il, mène aux pires concessions, aux honteuses bassesses. Il allait jusqu'à déplorer certains titres d'œuvres qu'il trouvait irrespectueux pour la musique. Et, dans ses leçons, rien de doctoral, de dogmatique, de solennel, ni d'intimidant : une familiarité infinie, une sorte de camaraderie cordiale. On l'écoutait, on l'aimait, on le remerciait de n'user d'aucune contrainte envers notre personnalité naissante. » Ce fut ainsi, messieurs, que Gabriel Fauré permit à tant de tempéraments dissemblables de s'épanouir en gardant leur caractère original.

Quand Fauré, plus tard, assuma la direction du Conservatoire, il s'inspira de ces principes et il exerça une influence plutôt subjective qu'impérative, influence qui n'en fut pas moins féconde, car, sous ses dehors adoucis, se cachait une tenace volonté. Il revisa les règlements que son successeur, notre confrère Henri Rabaud, améliora encore avec cette sagesse, ce tact, cette fermeté que nous sommes heureux d'apprécier ici, et il réalisa sans bruit ses principaux projets. Mais une passion nouvelle, inattendue, surprenante, s'emparait de lui tout à coup et allait le délasser de sa besogne administrative : celle du théâtre.

*
* *

A vrai dire, il s'était déjà plusieurs fois approché de la scène où il ne pouvait manquer, vous le pensez bien, de réussir. Nous avions applaudi les adorables chœurs et airs de ballet qu'il écrivit pour le *Caligula* d'Alexandre Dumas père ; les chants ravissants et les pénétrants intermèdes symphoniques qu'il ajouta au *Schylock* d'Edmond Haraucourt et au *Voile du Bonheur* de Georges Clemenceau ; les délicieux préludes et entr'actes dont il illustra *Pelléas et Mélisande*, avant que Claude Debussy n'immortalisât lyriquement le poème de Maurice Maeterlinck ; la spacieuse partition qu'il consacra au *Prométhée* de Ferdinand Hérold, partition rude comme le héros sublime de la tragédie et souple comme les consolantes Océanides qui exaltent sa douleur. Nous n'espérions cependant pas qu'il souhaiterait de régner en un domaine qui, jusque-là, ne s'était ouvert devant lui que par hasard. Et, sur le livret de René Fauchois, il nous donna *Pénélope*, authentique chef-d'œuvre.

L'art tout entier de Fauré y est résumé, art à la fois simple et subtil, solide et fluide, éloquent et discret, sévère et voluptueux, prudent et hardi, sensible et fort, nous entraînant, à travers le dédale des modulations féeriques, jusqu'aux confins du rêve et nous ramenant en pleine humanité, sans aucun artifice, par l'infaillible pouvoir de l'émotion. *Pénélope* établit définitivement et splendidement la renommée de Gabriel Fauré à quoi vous aviez depuis longtemps contribué en invitant le maître à franchir les portes de notre Académie, à remplacer Ernest Reyer, magnifique exemple, comme lui, du triomphe tardif. Fauré reçut ensuite les plus hauts hommages du Gouvernement qui, à la Sorbonne, dans une soirée pathétique, alluma, pour le fêter, des flammes d'apothéose et qui, peu après, lui conféra la Grand-Croix de la Légion d'honneur.

Souffrant déjà du mal auquel il succomba, il avait été obligé de quitter le Conservatoire et le *Figaro* dont il fut, pendant de longues années, le critique musical. Il rédigeait joliment ses articles, d'une plume alerte, et, dès qu'il en trouvait l'occasion, il protégeait courageusement ses convictions artistiques souvent attaquées. Toujours il plaidait la cause du classicisme. Il déclarait : « J'avoue ne pas comprendre en quoi la discipline scolastique peut contraindre l'expression. Chacun n'est-il pas libre de traduire sa pensée par les moyens qu'il lui plaît de choisir? » Et il insistait ainsi : « A l'exemple de nos plus illustres aînés, chacun de nous doit, dans la mesure de ses dons, essayer d'ajouter une pierre au grand édifice et borner là son ambition. » Jamais, messieurs, les pseudo-démolisseurs de ce « grand édifice » ne furent mieux blâmés de leur impudence.

Durant sa douloureuse retraite, Fauré ne cessa de travailler. Il composa son second quintette, sa deuxième sonate pour piano et violon, un trio, une sonate pour piano et violoncelle et il y témoigna d'une vivacité de main, d'une lucidité de cerveau extraordinaires, réduisant son inspiration à l'essentiel, l'allégeant de tout ornement vain, la présentant en une sorte de resplendissante nudité. Et il commença un quatuor pour instruments à cordes qu'il acheva dans l'angoisse de son déclin, de l'approche où il était des dernières heures. Il voulut que certains de ses amis fussent les juges suprêmes de ce quatuor et leur laissa le soin de décider s'il devait être gardé ou détruit. Les foules confirmeront la sentence émerveillée du tribunal constitué par Gabriel Fauré à l'instant poignant de doute et d'anxiété qu'il vécut avant de disparaître.

*
* *

Ainsi s'éteignit sa studieuse vieillesse. Si l'on avait pu la prolonger de quelques jours, elle aurait eu un couronnement sans égal. Une auguste Souveraine qui, par son héroïsme

Fac-similé, réduit, d'une page du *Quatuor pour instruments à cordes*, dernière œuvre de Gabriel Fauré.

(Jacques Durand, Éditeur.)

autant que par sa grâce, courba devant elle tous nos cœurs et qui, passionnément éprise de musique, possède un exceptionnel talent de violoniste, Sa Majesté la Reine Elisabeth de Belgique, sachant la maladie du maître, conçut le touchant dessein de venir jouer à celui-ci, dans sa petite chambre, avec des artistes de Bruxelles, l'un de ses quintettes. La mort ne lui donna pas le temps d'accomplir ce radieux projet, bien digne, vraiment, d'une âme telle que la sienne. Lorsque Fauré ferma les yeux, une épaisse barbe blanche avait envahi ses joues amaigries et lui prêtait la plus impressionnante sérénité. En assistant aux obsèques nationales que réclamait l'opinion publique et qui, présidées par le Chef de l'Etat et le Cardinal archevêque de Paris, furent célébrées à l'aristocratique église dont il fit jadis chanter les orgues, je me rappelais ses paroles de jeunesse jetées du haut de la Butte Montmartre : « J'aurai la Madeleine. » Il l'eut en effet, pour notre joie d'y écouter ses magistrales improvisations, pour notre chagrin de l'y pleurer.

Tandis que sa dépouille fragile s'anéantissait dans un triste cimetière, son œuvre impérissable s'élevait en l'admiration universelle, portant aux quatre coins du monde le glorieux nom français de Gabriel Fauré.

L. Maretheux, imprimeur, 1, rue Cassette, Paris. — 1925.

www.ingramcontent.com/pod-product-compliance
Ingram Content Group UK Ltd.
Pitfield, Milton Keynes, MK11 3LW, UK
UKHW021530260726
13993UKWH00004B/1903

9 782329 234427